"最美奋斗者"爱国主义教育系列

国防先驱

"最美奋斗者"丛书编委会 主编

海豚出版社
DOLPHIN BOOKS
CICC 中国国际传播集团

图书在版编目（CIP）数据

国防先驱 /“最美奋斗者”丛书编委会主编 .
北京：海豚出版社，2025. 9. --（“最美奋斗者”爱国主义教育系列）. -- ISBN 978-7-5110-7276-4

Ⅰ . K826.1-49

中国国家版本馆 CIP 数据核字第 2025PY0556 号

国防先驱

出版人：	王磊
主编：	“最美奋斗者”丛书编委会
项目统筹：	孟科瑜
责任编辑：	许海杰　孟科瑜　胡瑞芯
封面设计：	赵志宏
责任印制：	于浩杰　蔡丽
法律顾问：	北京市君泽君律师事务所　马慧娟　刘爱珍
出版：	海豚出版社
地址：	北京市西城区百万庄大街 24 号
邮编：	100037
电话：	010-68996147（总编室）　010-68325006（销售）
传真：	010-68996147
印刷：	三河祥达印刷包装有限公司
开本：	16 开（710mm × 1000mm）
印张：	6
字数：	45 千
版次：	2025 年 9 月第 1 版　2025 年 9 月第 1 次印刷
标准书号：	ISBN　978-7-5110-7276-4
定价：	29.80 元

目录

吴大观的故事

张金华／著　　冉少丹 徐敏君／绘

在云南昆明的田野里，有一个人正在对着眼前的昆虫出神。他叫吴大观。

为什么这些昆虫有的可以倒着飞，有的能螺旋飞，有的还能在空中停几秒？跟翅膀有关系吗？这些原理能运用到飞机上吗？吴大观对其中的奥秘感到好奇，收集了很多昆虫的翅膀。

也许因为小时候就有一个飞行梦、英雄梦，长大后的吴大观对飞机的兴趣更加浓厚，看了很多航空杂志和书籍，还经常跑到附近的航校看各种飞行演习。

那时候，飞机开始用于空中作战了，可是，中国还没有自己设计制造的飞机。中国的飞机要么是从别的国家购买的，要么是仿造的，数量又少，战斗力又不强。

吴大观曾亲眼看着日本战机在中国的天空耀武扬威，我们却无能为力，这让他感到非常悲愤。

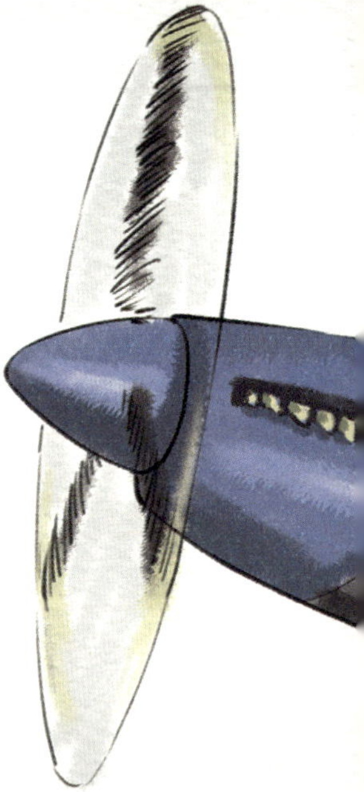

　　随着对飞机的了解越来越多，吴大观慢慢知道，机翼、机身的设计不是最难的，发动机才是最难、最关键的。

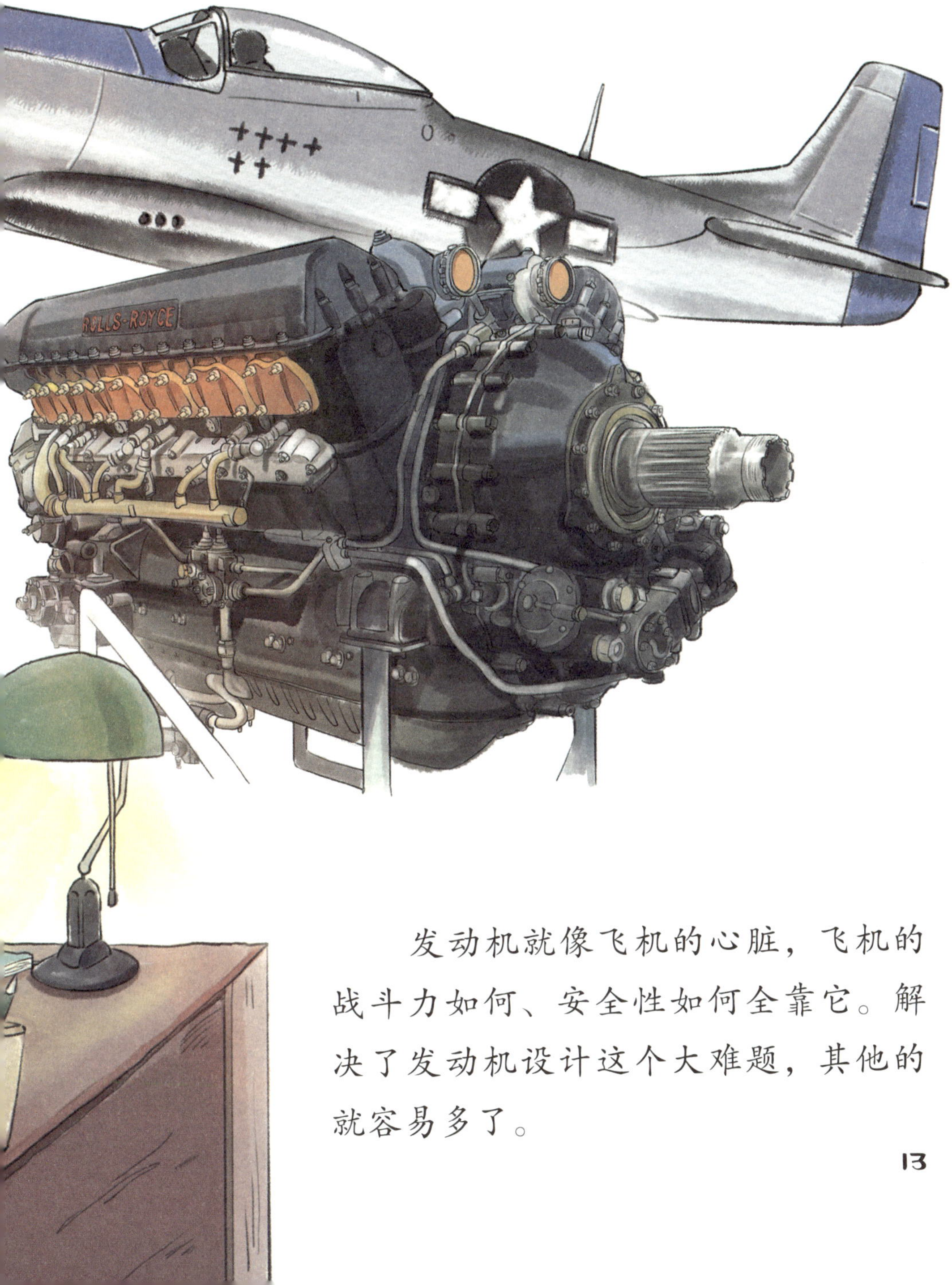

发动机就像飞机的心脏，飞机的战斗力如何、安全性如何全靠它。解决了发动机设计这个大难题，其他的就容易多了。

于是，吴大观有了这样的志向：设计中国人自己的发动机！

为了这个梦想，他先是进入航空系学习航空知识，毕业后，又去一家航空发动机厂工作。

在发动机厂，他负责接收从国外购买的发动机的技术资料。对待这些资料他非常认真细致，哪怕是一个简单的零部件图他都一丝不苟地去核对、查验，以确保准确性。他还经常把资料借回家，抄下来仔细研究。

后来，吴大观得到了去美国学习发动机设计的机会。这让他离梦想又近了一步。

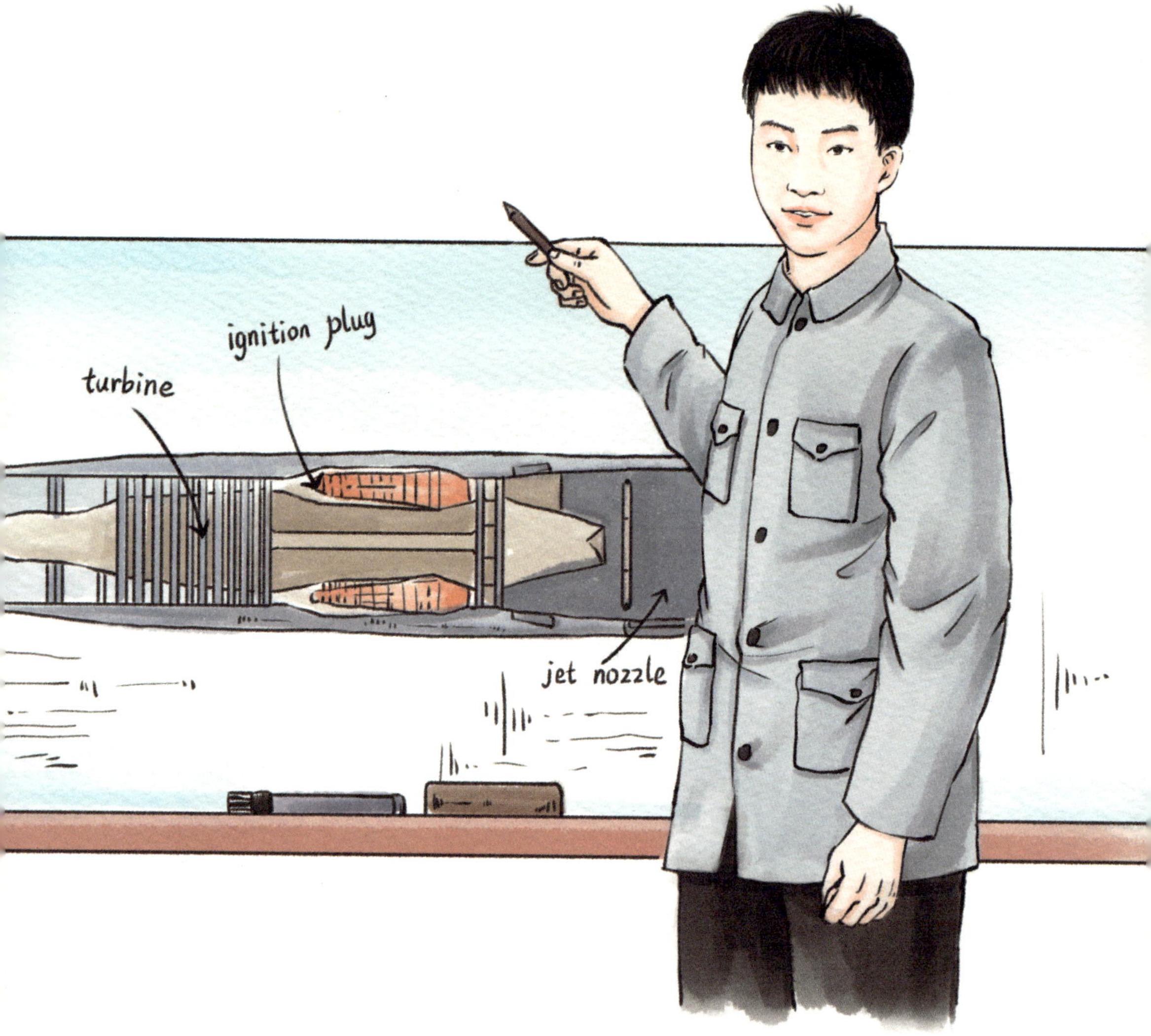

在美国，他珍惜每一分钟的学习机会，很快就把当时的活塞式发动机技术搞得一清二楚。

在学习中，吴大观也发现，美国已经开始研究喷气发动机了，那是更先进的技术。于是，他也朝着这个方向学习，储备了很多这方面的知识。

学习结束后，他回到祖国，一心想搞出自己的飞机和发动机来。

经过多年的学习和准备，1956年，在沈阳410发动机厂，吴大观组建了中国第一个航空发动机设计部门。

吴大观原本擅长活塞式发动机的设计，可他却说“要设计就设计领先世界的喷气发动机”！

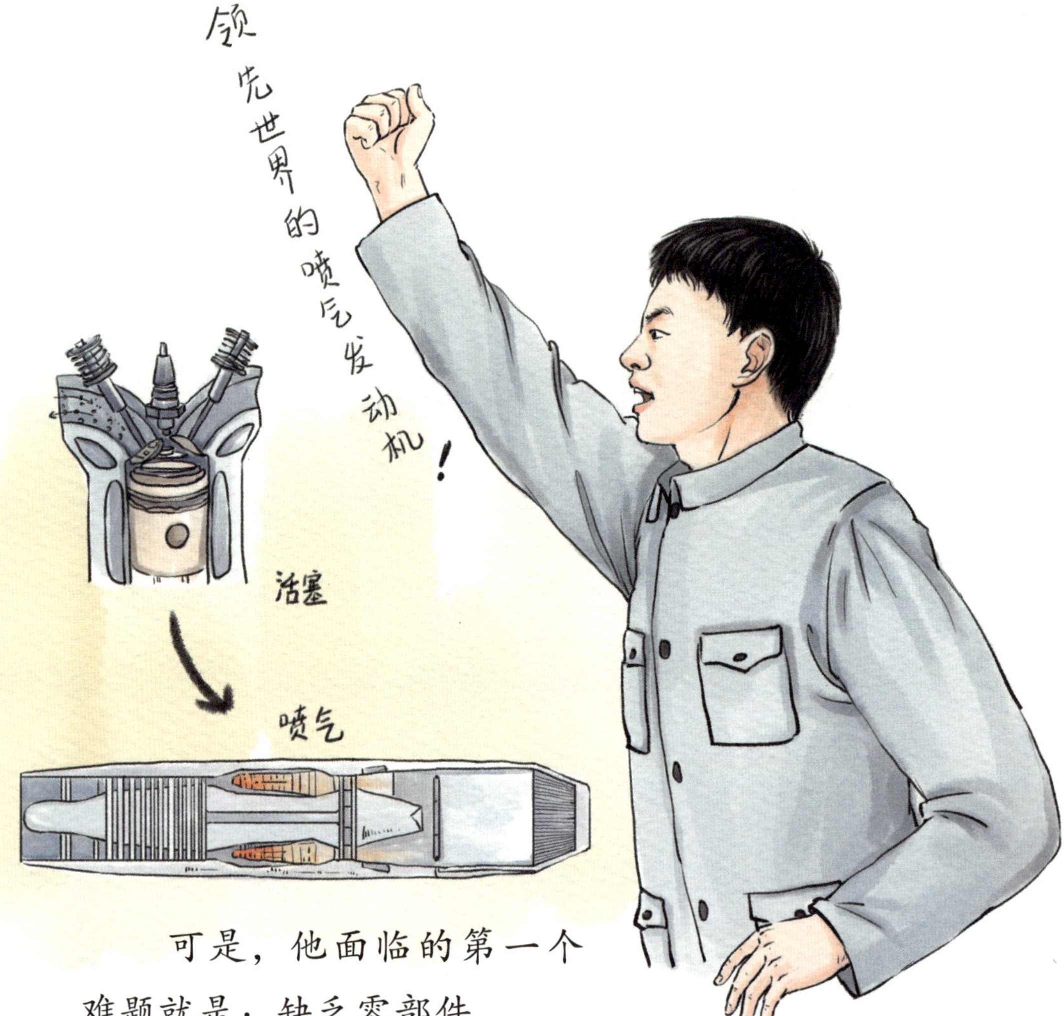

可是，他面临的第一个难题就是：缺乏零部件。

一台喷气发动机大概需要一万多个精密零部件和材料，那时候条件艰苦，生产这么多零部件简直比登天还难。

吴大观冥思苦想：以现有的发动机为原型，在设计上多下功夫，利用现有材料给它来一个大变身，那就不用增加新材料了。

经过反复的调整、推翻、修改，他终于找到了一个完美的设计方案。

接下来，吴大观又面临着第二个难题：缺人。

发动机的设计研制工程庞大，需要很多的设计人员，可是大家对喷气发动机这门新技术一点儿也不了解。

于是，吴大观亲自上阵给大家讲解，还带领大家学习外文资料。大家看不懂外文，他就一页一页地标上中文帮助大家学习。

可是很快，吴大观又面临着第三个难题：不论是零部件，还是整台发动机，都需要经过反复的安全性测试，只有保证了安全，才能安装到飞机上。可是他们没有试验设备。

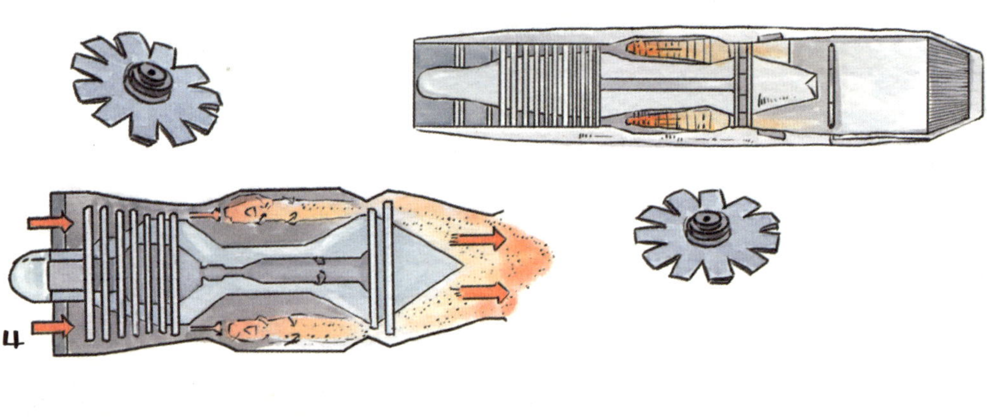

没有别的办法，吴大观决定：自己设计建造这些试验设备！

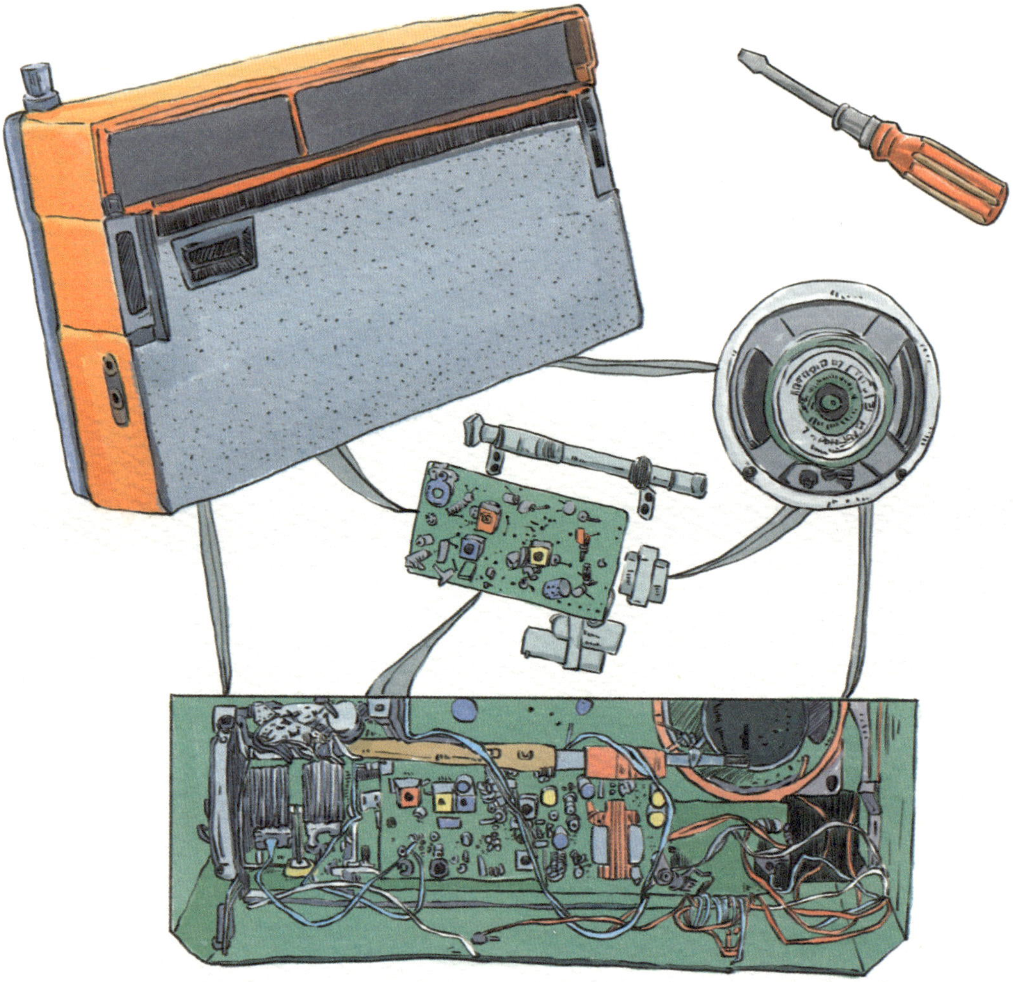

为了让大家了解试验设备知识，他把自己从外国买的一台收音机拿出来，让大家拆开研究，学习电子知识。

就这样，他们一边设计发动机，一边设计建造了中国第一批发动机试验设备，攻克了一个又一个难关。

经过二百多个日夜的奋战，第一台喷气发动机诞生了，取名“喷发-1A”。

101

当喷发-1A 安装在歼教-1 型飞机上后，歼教-1 没有让人失望，成功飞上了蓝天！

天空中终于有了中国人自己设计的飞机！

取得成功后，吴大观没有停下奋斗的脚步。

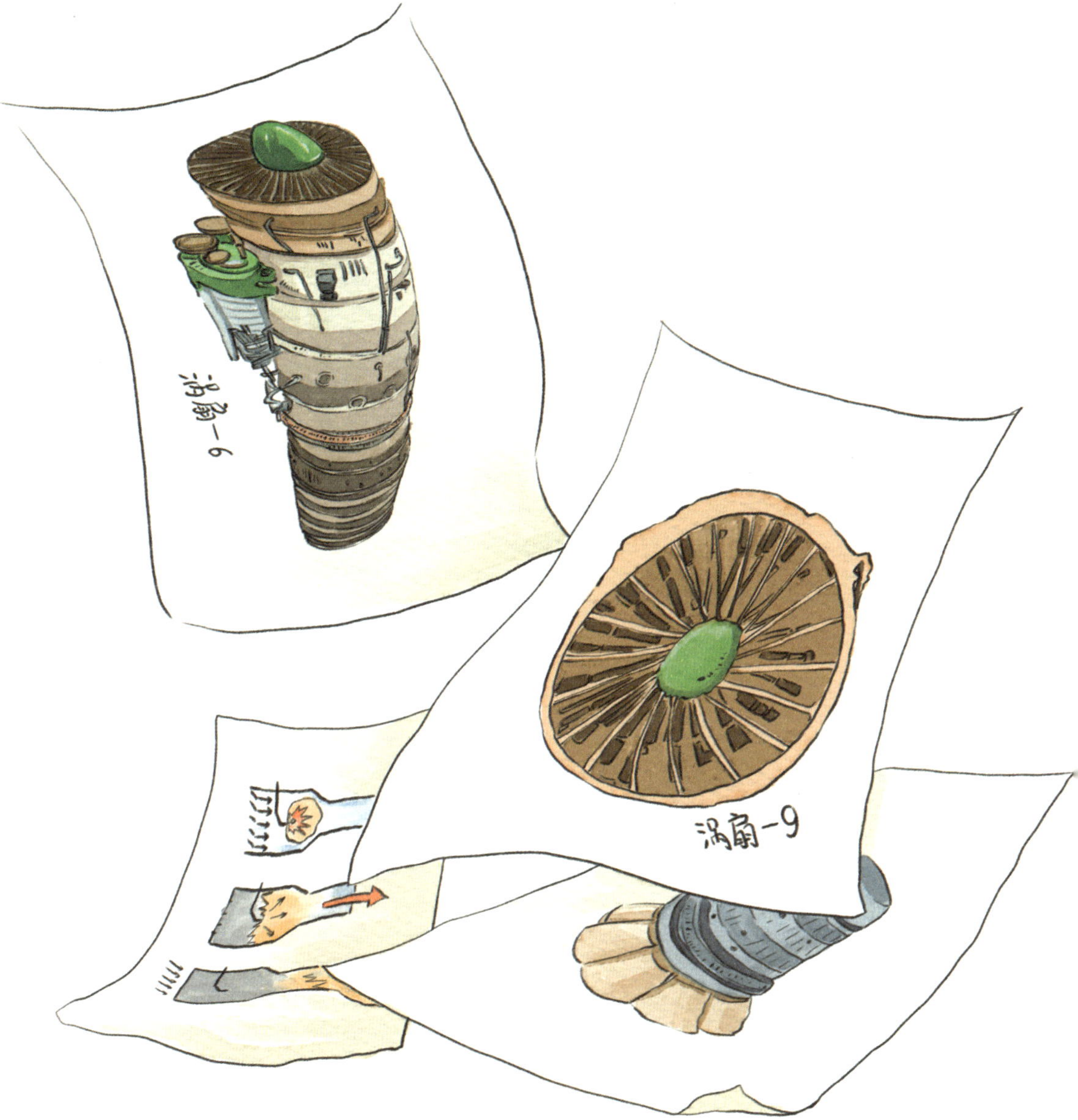

他还设计研制了涡扇-6、涡扇-9，这些发动机一个比一个更先进、更强劲。

吴大观最喜欢的一句话是：“人生的道路是舍予而不是索求。”为了设计中国发动机，他舍予了智慧、心血和爱。人们都说，吴大观给飞机安上了一颗中国心。

祝榆生的故事

伍美珍工作室／编著　　冉少丹／绘

这位正在银行忙碌的小职员，是十九岁的祝榆生。银行职员怎么会是坦克专家？别急，他的故事才刚开始呢。

抗日战争时期，日本侵略者烧杀抢掠，年轻的祝榆生气愤不已。他真想亲手把侵略者赶出家乡！

祝榆生放弃了银行的工作，考进了陆军军官学校，而它的前身就是赫赫有名的黄埔军校。他也要成为军人了！

来到陆军军官学校，面对战火四起的时局，祝榆生哪还有心情专心学习，他毅然加入八路军，如愿以偿地奔向抗日前线。

在那里，八路军和侵略者殊死搏斗。

炮弹不断袭来，同伴们相继倒下，祝榆生握紧拳头，他的心中只有一件事，那就是保卫祖国。

敌人有飞机、大炮，祝榆生的手里只有大刀和步枪，他不甘心！他开始钻研军事武器。有了先进武器，才能更好地保卫国家、保护同伴！

最近，战场上突然出现了一个大家伙——日军的坦克。战士们扔出一个又一个手雷，坦克纹丝不动，战士们却死伤无数！

祝榆生研究出的手雷打不过坦克，从此，坦克成了他的心病，直到战争胜利，他都念念不忘。

后来，祝榆生不断研究各类武器，成了公认的武器专家。有一次，战士们正在练习使用迫击炮。一个炮弹装进了发射筒，过了很久都没动静，大家赶紧找来了祝榆生。

祝榆生走上前，将右手伸进了发射筒准备检查，就在这时，“哑炮”突然爆炸了，他的右臂被炸得鲜血直流！

从那天起，祝榆生永远地失去了右臂。可是他仍旧没有停下来，反而近乎痴迷地爱上了武器研究。

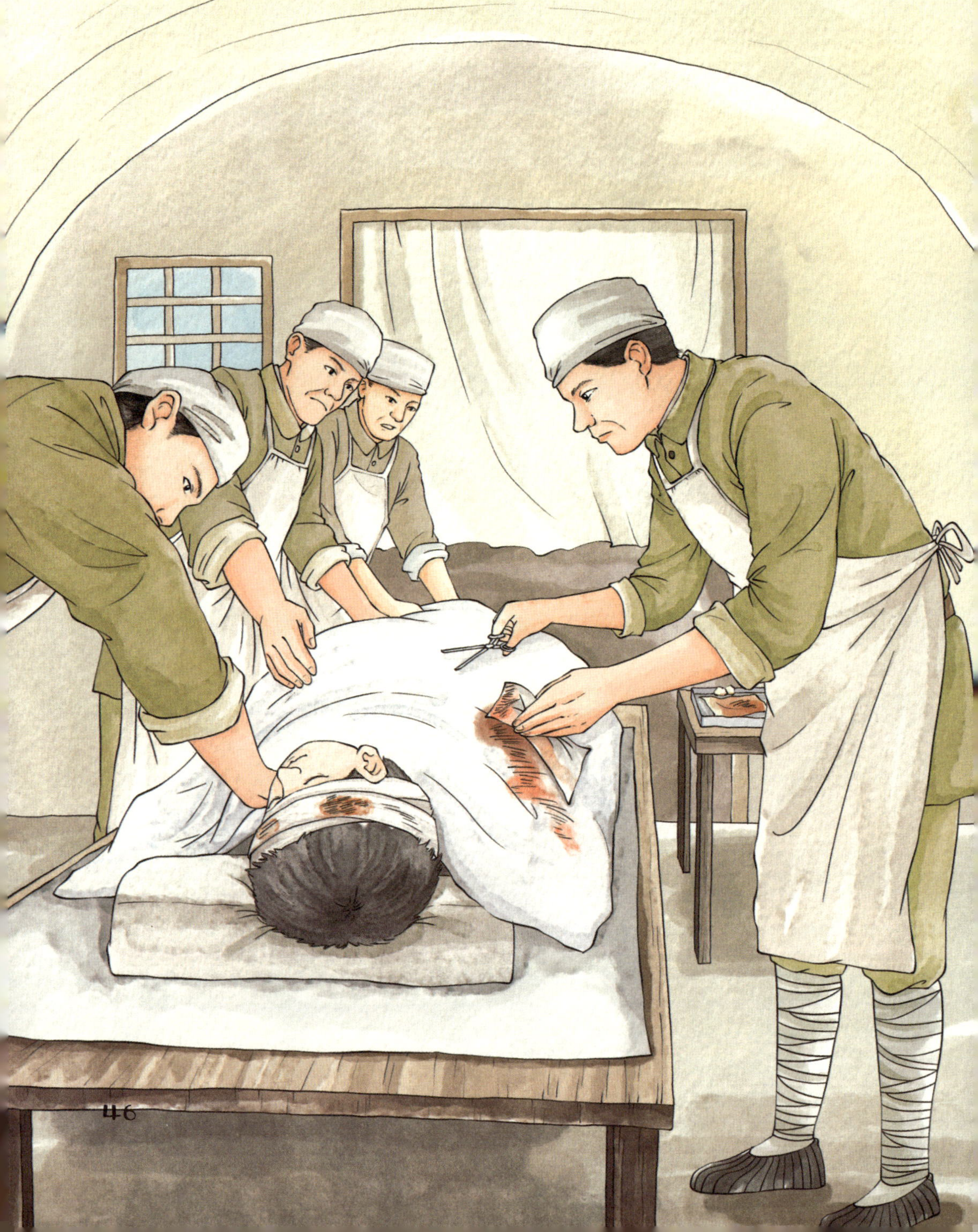

1959年，战争的硝烟早已从中国大地散去，四十一岁的祝榆生已经是军级干部了。

祖国的强大需要更多的兵工专家献身兵工事业。好学的祝榆生又出人意料地在他工作的军工学校当上了“学生”，他要继续学习武器制造。

年轻的学生中，混进了一个只有一只手臂的大哥。别看祝榆生年纪比别人大，学习热情可一点儿都不少。

1984 年，中国决定召集人才来研究更加有威力的坦克，这就得有个总设计师才行。选谁呢？

祝榆生！他上过战场，有丰富的武器对战经验，又全面学习过各种武器知识。让他造坦克，最合适不过！

可是，当时的祝榆生已经是一位白发苍苍的老人，造坦克可是一项大工程，要花心思，更要花体力呢。但研制出厉害的坦克一直是祝榆生的愿望，他决定接受任命，再次为梦想出发！

起初大家的目标是造出和外国一样先进的坦克，祝榆生摇摇头："只打个平手怎么行，一定要打败最先进的坦克才可以！"

这说起来容易，造起来比登天还难！

独臂的祝榆生出入在炎热的实验场研究坦克构造，回家又接着熬夜翻阅外国资料。或许，这是他和坦克技术之间，又一场无声的“战役”。

有人开玩笑说，祝榆生像是“特殊材料”做成的，六十多岁了还起早摸黑，四处奔波。坦克研究正是在他的指导下，井然有序地进行着。

坦克的火力一定要强！大家都说，西方的一百二十毫米口径炮最好，祝榆生却希望采用一百二十五毫米的口径炮，因为它装的弹药多，威力更大。这下可引起了不少争论。

为了达到理想的效果，祝榆生不断调整着设计图，每一次坦克试验，他都坚持到现场去。

“轰！”坦克直接打穿了厚厚的钢板！这样的穿透力，令所有人惊叹！

有了攻击能力，坦克还得有防御能力。

一定要让中国的坦克比西方国家的更坚硬才行！

祝榆生到处寻找合适的材料。经过一次又一次的尝试，祝榆生给坦克“穿”上了一件厚厚的“铠甲”！

攻击能力和防御能力都有了，但战场上不能缺少观察能力呀。怎样才能让坦克更好地瞄准目标，百发百中呢？

激光技术！祝榆生的大脑里浮现出了一个新想法。

他又开始一遍又一遍地研究图纸，
要给坦克装上最敏锐的“眼睛”。

祝榆生研发的99式主战坦克横空出世了！它在外形设计、火力、火控系统等方面都处于世界领先地位。

祝榆生带着坦克到沙漠、雪地、荒原不断地做测试。坦克必须适应各种地形才能在战场上所向披靡。

祝榆生的心血没有白费。新中国成立五十周年的阅兵仪式上，一辆辆 99 式主战坦克隆隆前行，威武雄壮地驶过天安门广场。

祝榆生坐在观礼台上，宏伟的画卷终于在他的眼前缓缓铺开。

从银行职员到热血战士，再到坦克总设计师，祝榆生把自己的一生都献给了祖国。

而今天，坦克开过祖国大地的声音，是那么厚重，那么令人踏实。

罗阳的故事

陈婵娟／著　　小幸福工作室／绘

我的书桌上摆着一只航母迷你模型，上面印着“中国人民解放军海军辽宁舰”几个字，那是爸爸送给我的生日礼物。

我的爸爸叫罗阳，是一名航空事业工作者，用他自己的话说，就是一只每天绕着航母飞的“小蜜蜂”。

我曾问过爸爸为什么要做“航空人”，为什么要造航母舰载机，他摸着我的头，笑呵呵地说：“造出舰载机，造出航母，就说明我们国家的实力很强了，就能在世界上抬得起头啦。”

爸爸从小就对拆装各种各样的机器感兴趣。当他第一次看到电视机时，恨不得把它拆了看看里面的构造。

爸爸想象力丰富，动手能力强。在爷爷的鼓励下，爸爸努力学习、坚持锻炼，变成了一个身体强壮、品学兼优的活力少年。

后来，爸爸考上了北京航空学院，兴奋得又跳又叫，恨不得让全世界都知道他离梦想越来越近了。

爸爸学的是飞行器高空设备专业，刚接触航空知识时，一切都是陌生的，但爸爸格外发奋，几乎每天都泡在教室和图书馆里。四年大学生活结束时，爸爸以优异的成绩完成了学业，如愿成为航空人。

毕业后，爸爸进入了沈阳飞机设计研究所。当爸爸知道中国的第一艘航母要在辽宁改造，他可以参与航母舰载机的设计时，激动的心情难以言表。

爸爸整个晚上都没睡着，大半夜在外面跑步，说要散散心里的热气。

投入航空事业后，爸爸越来越忙了。妈妈给他打电话问他的身体状况，他却兴冲冲地说：“工作很顺利。等事情忙完，我就带你和女儿去游乐场玩。”

可是爸爸的承诺一直没有兑现。我生日那天爸爸没时间回来，后来他亲手给我做了航母模型，补上生日礼物，说："宝贝，你想爸爸的时候就对着这个模型说话。"

在爸爸的影响下，我对航母的关注也越来越多。航母代表着一个国家的实力，造得起航母的中国，是很了不起的。

航母改造完成后，爸爸和航母合了个影寄给我们。我和妈妈很自豪，逢人就说这事。

我的好多同学都成了爸爸的“粉丝”，有的同学还立志长大后要像爸爸一样设计飞机，踏上航母。

当然，我是爸爸最“铁”的“粉丝”。我的房间里有很多爸爸的照片，每当他特别忙、我又特别想他时，我就会一张一张地看。

我最喜欢的是这张照片——爸爸在吃妈妈亲手做的饭菜，嘴巴塞得满满的，眼睛睁得圆圆的，还伸出大拇指比了个大大的赞，这是爸爸难得的生活照。

有的照片也很让我心疼——他戴着头盔蹲在狭窄的机房里排查故障，豆大的汗珠直往下淌，也不知道他蹲了多久了。

还有的照片让我很不解——爸爸坐在办公室里工作，窗外就是轰鸣的飞机，他不觉得很吵、很难受吗？

爸爸的同事毕叔叔说，爸爸对待工作特别严谨。有一次，他发现一个胶圈有问题，立马召集领导和同事，将同一批次的上万个胶圈剪碎。他说：“研制战机，要么是零分，要么是一百分，没有中间分！”

李叔叔说，爸爸爱下棋，但他太忙了，四年中下棋的次数，可谓屈指可数，其中有一两次，还是在网上下的。

张叔叔说，每次试飞员落地，爸爸都要上去给人家一个大大的拥抱，竖起大拇指狠狠地鼓励一番。

很多人都说爸爸很了不起，可他看起来太“普通”了，穿得最多的就是那件洗得发白的蓝色工作服。

因为长年劳累，爸爸的额头上早早地爬满了皱纹，头发也掉了很多，有时他会摸着自己的头顶开玩笑：“再过几年就可以当和尚去啦。”

功夫不负有心人，爸爸率领他的团队先后完成了多款新型飞机首飞和设计定型，这可是顶了不起的事。

歼-15舰载机试飞前的几天，爸爸是在舰上度过的。

最后一个下午，爸爸终于有空给妈妈打了个电话，高兴地告诉我们一切准备就绪，就等着明天试飞了。我和妈妈也很开心，商量着怎么给爸爸庆功。

那天，阳光很明媚，歼-15 舰载机起降试飞成功，作为歼-15 舰载机现场研制总指挥的爸爸，和他爱的航母舰载机在电视上、报纸上，反复出现。

中航工业

有很多像爸爸一样的人在为航空事业奋斗着，但有的人一辈子都默默无闻。

我与妈妈和奶奶去过一个展厅，看到了很多可敬的名字。我也知道了爸爸“中国舰载机之父”的称号。原来，爸爸这么了不起，航空人这么了不起！他们用坚定的信念和持之以恒的努力，将航空报国的志向写在了碧海蓝天之间。

“最美奋斗者”人物简介

吴大观，男，汉族，中共党员，1916年11月生，江苏扬州人，生前系原航空工业部科技委常委。他是我国航空发动机事业的奠基人和创始人，组建第一个航空发动机设计机构，领导研制第一台喷气发动机，创建第一个航空发动机试验基地，建立第一支航空发动机设计研制队伍。国务院授予吴大观“我国航空工程技术事业突出贡献专家”。2009年3月因病去世，被追授为“全国优秀共产党员”。2009年当选“100位新中国成立以来感动中国人物”。

祝榆生，男，汉族，中共党员，1918年11月生，重庆巴县人，生前系原兵器工业部科技委副主任兼秘书长，三代主战坦克总设计师。1948年在武器试验中，他身先士卒排除险情，年仅三十岁就痛失右臂；六十六岁担任三代坦克总设计师，带领团队攻坚克难、锐意创新，历经十五载圆满完成我国新型主战坦克研制任务，实现我国主战坦克由仿研到自主研发的历史性跨越，跻身世界先进坦克行列。三代坦克获国家科学技术进步奖一等奖。荣获“全国战斗英雄”等荣誉称号。

罗阳，男，汉族，中共党员，1961年6月生，辽宁沈阳人，生前系航空工业沈阳飞机工业（集团）有限公司董事长、总经理。1982年参加工作以来，立足航空一线，在平凡的岗位上缔造了卓越功勋。任职期间，以“十个统筹”指导企业发展，企业主要经济指标连年增长。他把军机研制生产作为最大的政治，“十一五”时期，完成了多个型号新机首飞和设计定型，实现了国家战略工程项目的重大突破和生产能力的新突破。2012年11月25日，作为歼-15飞机的现场研制总指挥，他随我国第一艘航空母舰辽宁舰出海执行歼-15舰载机首次起降训练。任务完成后返回大连当日，突发心肌梗塞、心源性猝死，以身殉职。荣获“改革先锋”等荣誉称号。